DE L'UTILITÉ

ET

DE LA NÉCESSITÉ

DE SOUMETTRE

LES CHIENS, LES CHATS

ET

LES OISEAUX,

A UNE TAXE PERSONNELLE.

DE L'UTILITÉ

ET

DE LA NÉCESSITÉ

DE SOUMETTRE

LES CHIENS, LES CHATS

ET

LES OISEAUX,

A UNE TAXE PERSONNELLE.

Ridendo pendere tributum quid vetat,
Quand on a de l'argent?.....

PAR UN CITOYEN DE MONTARGIS.

PARIS.

DE L'IMPRIMERIE DE RENAUDIÈRE,

Marché-Neuf, n°. 48, près le Palais de justice.

1818.

PRÉFACE.

J'aurai rempli le but que je me suis proposé, celui d'être utile à mon pays, si cet écrit attire l'attention des hommes sages, appelés à régler et à gouverner nos finances.

Messieurs les critiques, pate de velours, s'il vous plaît ne m'égratignez pas, pour avoir employé quelques plaisanteries, quelques traits grotesques, en traitant un sujet où la gravité semble devoir régner. Qu'importe la forme si le fond présente des résultats avantageux : *en toute chose il faut considérer la fin.* Ce vieil adage doit me servir *d'excuse*, et m'acquérir l'indulgence des lecteurs.

CONSIDÉRATIONS GÉNÉRALES.

Il existe un moyen bien puissant de fixer le crédit public en France ; c'est d'attirer les regards de la nation sur les opérations financières ; de la forcer, en quelque sorte, de s'en occuper : qu'elle ait sans cesse sous les yeux les états de sa dette, de ses revenus et de ses ressources. En un mot que le budjet soit l'objet de toutes les conversations ; qu'il soit commenté, discuté, analysé en tous lieux. Laissons de côté, pendant quelque temps, nos procès, nos mélodrames fameux, nos vaudevilles d'un jour, les montagnes et les bals de l'Opéra, ou, pour mieux dire, faisons en sorte que l'on s'occupe *des voies et moyens extraordinaires*, jusque dans les boudoirs et les petites loges de nos théâtres ; *hors les finances point de salut !* tel est le cri qui doit se faire entendre de toutes parts.

Il est certain que lorsque tout le monde rai-
sonnera, ou déraisonnera, sur le budjet, la
confiance ne peut manquer de renaître : toute
l'attention sera dirigée vers un seul but; chacun établissant son système de recette, de dé-
pense, d'économie et de réforme, s'intéressera
davantage à la réussite des plans adoptés par le
ministère, soit qu'ils rentrent dans ceux que
l'on aura conçus, soit qu'ils s'en écartent; in-
sensiblement on s'habituera à connaître la va-
leur des productions territoriales de la France,
les améliorations qui leur sont nécessaires ; on
saura quels sont les revenus industriels; comment
nos manufactures sont une source de richesses
en empêchant l'exportation de l'argent, etc.,
etc., etc. Chacun alors voudra prendre part aux
nombreuses spéculations que présentent ces dif-
férentes branches d'économie politique. De-là
naîtra l'accroissement du crédit et de la richesse
nationale.

Mais comment amener les français à se livrer
à des calculs aussi graves, à des raisonnemens
aussi abstraits que ceux qui sont la base d'un
système de finance? Comment une nation, qui
rit au milieu de ses plus grands désastres, qui
danse quand elle n'a pas de pain, et chante
même quand on lui prend les centimes addi-

tionnels, pourra-t-elle se fixer à des opérations qui n'offrent pas le plus petit mot pour rire ? Voilà le grand problême à résoudre.

On a dit et répété mille fois, qu'il n'y avait pas d'esprit public en France ; je n'ai jamais pu comprendre une assertion de cette nature ; je pense au contraire qu'il y en a beaucoup, mais on l'applique mal, ou, pour mieux dire, il a besoin d'être dirigé vers un but utile. Le caractère national, dit-on, est la légèreté, la frivolité, l'inconstance ; convenons-en, mais, avec tout cela, si nous sommes un des peuples les plus aimables de la terre ; si nous voyons chez nous les beaux arts, les sciences, portés au plus haut degré de perfection, sans parler des autres qualités que l'Europe entière a pu connaître, notre part est encore assez belle ; sachons tirer parti des avantages réels qu'elle renferme.

Oui, il est vrai, nous sommes légers, inconstans dans nos goûts : on rit de tout en France ; voilà l'esprit public. Eh bien ! qu'on fasse rire les français avec le budjet ; ils vont le discuter, s'y intéresser, et tourner toutes leurs idées vers les contributions qu'ils ont à payer ; ils vont s'habituer à contempler, sans effroi, cette masse énorme de charges dont ils sont grevés. *Ils chanteront et ils paieront.*

Je sais que ce serait une tâche extrêmement difficile que celle d'être gai, avec les mots *arriéré*, *déficit*, *dette flottante* ; tout cela, malheureusement, est d'un sérieux glacial ; mais il y a en France, et surtout à Paris, des gens qui ont tant d'esprit que, s'ils voulaient nous faire là-dessus quelques couplets malins, ils nous mettraient facilement en gaîté.

J'ai connu, dans une petite commune du département du Loiret, un percepteur des contributions qui avait trouvé le moyen de faire payer tous ses contribuables à fur et mesure des échéances, sans frais, sans vexations aucunes. Voici comment il s'y prenait : tous ses bordereaux étaient rédigés en couplets sur des airs connus ; son porteur de contrainte qui se trouvait être le ménétrier du village, arrivait avec son violon sous le bras, et se mettait à jouer, en entrant dans chaque maison, l'air d'un couplet porté au bordereau. Le paysan riait et payait, s'il avait son argent prêt ; autrement il demandait un délai de quelques jours, qui jamais ne lui était refusé, et qu'il ne laissait jamais passer sans s'acquitter, tant il était satisfait des bons procédés de son percepteur.

Cette méthode, il est vrai, ne saurait être adoptée ; il y a beaucoup de personnes si peu

sensibles à la mélodie, que les meilleurs mor-
ceaux de musique, exécutés par les premiers
artistes, ne leur feraient pas autant d'effet qu'un
commandement, accompagné de recours et de
saisie. Mais ce sont des exceptions; le caractère
national subsiste, il est la règle qu'il faut suivre.
C'est en le dirigeant, je le répète, vers le but
que l'on veut atteindre, qu'on en obtiendra les
résultats désirés.

Telles sont les pensées qui me sont venues en
refléchissant sur la manière dont je devais pré-
senter mon projet d'impôt sur les chiens, les
chats et les oiseaux. Si je prends un ton sérieux,
me suis-je dit, on ne me lira pas; et ma brochure ira s'enfouir dans quelque grenier litté-
raire, à côté des théories volumineuses de M. le
Chev..... H., du système de M. F....., et les
projets de MM. B**, G....., M*, ce qui serait
faire un tort considérable à l'état. Prenons le
ton de la plaisanterie, celui qui convient à l'esprit national, alors on me lira, tout en riant on
conviendra de l'utilité de mes vues; et, pour
peu que MM. les journalistes veuillent rendre
compte de ma brochure, avec leur indulgence
accoutumée, mon projet fera du bruit : le minis-
tre en entendra parler, le verra, l'approuvera;
les chambres l'adopteront; et peut-être parvien-

drais-je en récompense à obtenir une place de surnuméraire dans l'administration des finances.

DES CHIENS.

Pour baser mon projet, je n'irai pas sur les traces du grand Buffon, remonter à la création du premier chien, et, descendant jusqu'à nos jours, passer en revue les nombreuses variations de l'espèce canine, retracer ses goûts et ses mœurs. L'histoire naturelle est là ; qu'on l'ouvre. Les chats ont eu leur historiogriphe, qu'on le lise.

Mais je dirai que ces deux espèces d'animaux se sont multipliées en France, depuis la révolution, d'une manière effrayante, surtout les chiens. D'abord le droit accordé, si généreusement, à tout le monde, de tuer les lièvres et les perdrix d'autrui, fit que chacun voulut avoir, non pas une meute, mais au moins un basset et un chien d'arrêt. Le grand nombre de voleurs qu'enfanta le gouvernement *des droits de l'homme*, obligea tous ceux qui possédaient quelque chose de bon à prendre, d'avoir un chien de garde pour empêcher qu'on ne vînt la nuit mettre en pratique le système de l'égalité ; d'où dérive naturellement la communauté des biens, comme on sait.

Les modes ensuite en introduisirent un grand nombre ; nous avons eu et nous avons encore, *les Bichons, les Carlins , les Griffons , les Danois , les Anglais*, et tant d'autres dont la race se reproduit, fourmille en tous lieux et forme une multitude innombrable de rongeurs dont il est urgent de faire tourner l'accroissement au profit de l'état. Enfin , *il est cent maisons* où, comme le dit Labruyere, *il faut attendre pour faire le compliment d'entrée que les petits chiens aient aboyé*, et prendre garde à la sortie qu'ils ne s'élancent après vos jambes.

Et vous, pauvres amans, qui désirez avec tant d'impatieuce les heures mystérieuses des nuits pour goûter le bonheur ; ce n'était pas assez , pour votre désolation, des verroux, des tuteurs, des maris et du clair de lune ! les chiens sont là, cent fois plus redoutables, pour mettre en fuite les amours, et réveiller les jaloux, par leurs cris discordans et continuels. Amans , dont ils ont fait manquer les rendez-vous, soyez mes auxiliaires ; appuyez , vantez mon projet, partout où vous aurez quelqu'influence ; je compte sur vous pour son succès. Vengez-vous, le bien de l'état vous y convie.

DES CHATS.

Je tombe sur les chats, dont l'espèce s'est aussi prodigieusement accrue : plusieurs causes y ont contribué singulièrement; je me bornerai à en rapporter deux :

Premièrement, l'établissement en France des fabriques de *cordes à violon*, que l'on a perfectionnées au point de nous affranchir du tribut que nous payons aux Napolitains, pour cette branche d'industrie (1).

Ce ne sont plus les chats de l'antique Italie, ce sont des indigènes, dont les boyaux servent à produire ces sons harmonieux, qui, dans nos spectacles, dans nos concerts, charment nos cœurs et nos oreilles ! Ce sont les chats français qui fournissent ces cordes inventées par Orphée. Ces cordes, dont les vibrations font retentir la harpe et la guitare, sous les doigts de nos jolies femmes, et servent d'ornement à leurs voix mélodieuses. Ce sont encore les chats qui aident à faire danser et walser cette jeunesse vive et lé-

____

(1) Témoins les cordes que fabrique et vend *Zœgger*, rue des Grands-Degrés, n° 24; leur bonne qualité leur fait accorder la préférence sur célles de Naples.

gère. O chats, quelle flatteuse destinée ! Combien de fois elle fut l'objet de mes méditations, dans les *réunions musicales*, dans les *concerts d'amateurs*! Il me semblait voir alors vos ombres égayées voltiger parmi les concertans, et souvent même, abusé par les prestiges de l'illusion, je croyais ouïr vos voix perçantes se mêlant au bruit des instrumens. Cependant je songeais que vous ne deviez pas aimer la musique, puisqu'elle vous ôte l'espoir de mourir de vieillesse.

La seconde cause est le perfectionnement de la chapellerie (c'est-à-dire le perfectionnement de la manière de s'enrichir dans ce genre de commerce), résultant de l'introduction du mélange du poil de chat avec le poil de lapin dans la fabrication des chapeaux. Petite invention assez lucrative, pour laquelle on ne prend pas de brevet; mais qui remplace d'une façon singulière le poil de castor, et nous dispense ainsi d'en aller acheter à l'étranger.

De ces deux causes, et de plusieurs autres, il a dû résulter un accroissement considérable dans la population des chats.

Des spéculateurs, fournissant les fabriques dont nous venons de parler, ont dans toute la France des correspondans, des fournisseurs en sous-ordre, qui font de nombreux élèves, et nourrissent des myriades de chats, jusqu'à l'âge où ils ont acquis tout le développement nécessaire, pour avoir les boyaux longs et le poil soyeux, et de bonne qualité. Ces maisons de correspondance ont à leurs ordres des commis sous le nom de *Griffeurs*, qui dérobent et assomment les chats des particuliers moyennant quelques centimes. Tout cela marche avec un ordre admirable; chacun y trouve son profit. Pourquoi le gouvernement n'y trouverait-il pas le sien? Une taxe sur les chats ne fera murmurer personne; elle aura, au contraire, l'approbation générale, et surtout celle de ces ministres de Comus :

> Qui du fond de leur cuisine
> Gouvernent le genre humain.

Il n'en est pas qui n'aient à se plaindre de la gourmandise, et des abus de confiance de ces patelineurs.

DES OISEAUX.

Tous les sages de l'antiquité , entre autres Aristote (1), Diogène (2), Epictète (3), Platon (4) et Salomon (5), se sont élevés avec force contre l'usage barbare, de renfermer, dans d'étroites volières, les serins des Canaries, les linots, et tous les habitans de l'air, dont l'espace, sans limites, est le domaine. Les pères de l'église, les philosophes de nos jours ont aussi déploré cet abus de pouvoir. Mais telles sont la force de l'habitude , et la contagion de l'exemple , que tout en convenant du ridicule et de l'inutilité d'une chose, on ne laisse pas que de l'imiter. Combien de femmes font sans cesse parade de leurs sentimens d'humanité, et ne sauraient voir étouffer un pigeon, ou plumer un canard , sans être profondément émues, qui cependant emprisonnent à perpétuité de pauvres oiseaux , dans une espace d'un pied carré !

Et parmi les hommes, beaucoup n'ont-ils pas aussi cette manie; croirait-on même que des

---

(1) Traité des animaux. (4) Banquet.
(2) Maximes. (5) Traité des oiseaux.
(3) Manuel.

partisans zélés de la liberté individuelle, qui ne cessent de parler et d'écrire, pour soutenir ce droit précieux ; ne rougissent pas d'avoir en cage, serins, chardonnerets, pinçons, etc., etc., le tout pour le plaisir de leur apprendre à répéter quelques airs de serinette. Et cela se voit au dix-neuvième siècle ! ..... Après vingt-cinq ans de révolutions ! ..... Femmes sensibles, hommes libéraux, ouvrez, ouvrez vos cages, et lâchez vos oiseaux, ou je ne croirai plus à la sincérité de vos sentimens et de vos principes.

Mais hélas ! c'est prêcher dans le désert. Que peuvent de faibles observations, lorsque les écrits de tous les grands hommes, que je viens de nommer, n'ont rien produit. Il me semble, au contraire, entendre de tous côtés mille cris s'élever contre ma proposition, chacun réclame une exception pour l'oiseau qu'il chérit : la jeune personne de quinze ans veut garder le joli chardonneret dont un cousin lui a fait don. La grande dame protège le serin élevé à la brochette, qui chante chaque jour le même air, avec variation. Ma pie, s'écrie le fournisseur, est trop adroite, je l'ai élevée moi-même, et ne saurais m'en séparer. Mon perroquet, dit le journaliste, parle presque aussi bien que moi ; tout ce qu'il entend il le répète. Ce merle siffle

comme aux premières représentations du vaude-
ville ; ce sansonnet chante avec autant d'art que
mesdames ***, disent les critiques malins. Enfin,
je crois ouïr un concert unanime de réclama-
tions, et j'en augure que l'usage et la mode pré-
vaudront toujours. Au demeurant, cela convient
mieux au résultat qu'on doit obtenir de mon plan
de finances. Gardez donc vos oiseaux, mesdames
et messieurs les amateurs, et contribuez par leur
conservation et leur multiplication, à l'amélio-
ration du budjet.

Je ne chercherai pas à prouver qu'il y a plus
de serins, de pies et de perroquets en France
qu'avant la révolution ; cela saute aux yeux dans
les grandes villes et dans les petites. Je pourrais
invoquer, à cet égard, le témoignage des fabricans de cages et de serinettes, et des vendeurs
de graines. Mais un recensement fera connaître au
juste l'état civil de tous les oiseaux du royaume,
et l'on saura combien s'est accru, depuis 1789,
tout ce qui naît pour voler.

DU MODE DE PERCEPTION DE LA TAXE.

Il serait impossible, vont s'écrier les censeurs, *les critiques amers*, *les fabricans* de budjets, et surtout les gens qui n'aiment pas à payer, il serait impossible de faire le dénombrement et l'état de situation des animaux que vous proposez de taxer. Non messieurs, cela n'est pas impossible ; j'ai prévu toutes les difficultés, rien de plus simple que la marche à suivre, et je vais l'établir.

Dabord, il ne sera point nécessaire de former des rôles particuliers. En faisant le recensement on portera à l'article de chaque individu, sur le rôle des contributions foncières et sur le bordereau, le nombre de chiens, de chats ou d'oiseaux qu'il aura en sa possession.

Il ne sera pas possible de frauder, parce qu'il n'est pas facile d'avoir un chien, sans que cela soit su dans la maison qu'on habite.

Il en est de même des oiseaux, leur ramage se fait entendre, leurs cages sont au milieu des appartemens ; d'ailleurs, quand il s'agira de faire les déclarations aux personnes chargées du recensement, les habitans de la même maison se sur-

veillant mutuellement, sauront bien empêcher
qu'aucun d'eux n'ait le privilége de se soustraire
au paiement de la taxe. Au surplus les portières
ne sont-elles pas là ? . . . . . qui pourrait se flatter
d'échapper à leur curieuse surveillance.

Fort bien, dira-t-on pour les chiens et les
oiseaux ; mais les chats, les chats qui, presque
toujours sont sur les toits, dans les greniers,
aux caves, dans les cours, comment constater
leur domicile ? Comment prouvera-t-on que tel
chat est celui d'un ménage plutôt que celui d'un
autre ? Chacun déclarera n'en point avoir. Tous
les chats d'un quartier seront des inconnus, sans
maîtres et sans asiles.

Cette objection est forte, je l'avoue ; ne pou-
vant dénouer le nœud, je le coupe, et je dis : le
chat est un animal domestique de première nécessité dans un ménage. Car, dans toutes les
maisons, il y a des souris et des rats. Personne
n'aime que ses provisions et son linge soient
rongés par ces vilaines bêtes. Donc pour s'en pré-
server et les détruire, il faut des chats. Ainsi,
partant de ce raisonnement, on sera porté au
rôle pour un chat, soit qu'on en ait ou qu'on
n'en ait pas.

Ceci ne me paraît point injuste, et ne l'est
réellement pas ; soyons de bonne foi, écartons

2*

toutes vaines objections; il y a des chats dans toutes nos demeures, et en plus grande quantité qu'on ne pourrait le croire. En nous amusant , quelques personnes et moi , à compter, l'an dernier, ceux d'une maison du faubourg Saint-Martin , nous en trouvâmes quatre-vingt-dix , tous bien nourris, et domiciliés dans le même corps de bâtiment. Cela n'a rien de surprenant pour l'observateur ; dans beaucoup de quartiers de la capitale, de pareils rassemblemens sont très-communs.

Dans la formation du rôle des chats , il y aura cependant quelques exceptions à faire ; nous les indiquerons en établissant le mode de classement que nous croyons convenable pour ces contribua-bles vagabonds.

DU TAUX DE LA TAXE.

Je fixe la taux de la taxe à cinq francs par tête de chien, petits ou gros, utiles ou non. Cela me semble équitable ; les chiens de luxe, tels que ceux de chasse, d'antichambre, de boudoirs, appartiennent à des maîtres qui, certainement, ne voudront par s'en défaire pour s'exempter de payer annuellement une somme aussi modique.

Les chiens dont la vigilance protége le comptoir du marchand, la caisse du négociant; ceux commis à la garde des troupeaux; ceux que nous voyons dans Paris, attelés à de petites carioles, voiturer la viande du boucher, ou le pain du boulanger. Tous ces chiens, ainsi que beaucoup d'autres, dont nous ne parlons pas, rendent assez de services à ceux qui les emploient pour être taxés à cinq francs, sans que les maîtres en murmurent.

Règle générale, tous les chiens seront taxés au même taux. Une seule exemption se présente, commandée par l'humanité : le fidèle compagnon du malheur, le chien de l'aveugle, ne sera point soumis à l'impôt.

Les oiseaux de toute espèce, pies, serins, sansonnets, merles, linots, etc., etc., sans aucune exception, seront taxés à cinq francs par tête. Je ne pense pas qu'on trouve cette somme trop forte. Ce sont des jouissances purement de luxe, celles de voir sautiller et d'entendre gazouiller ces pauvres esclaves ; il n'en résulte aucun bien, aucune utilité pour les familles. L'impôt qui grève ces jouissances, n'a donc rien de forcé ni de vexatoire ; voudra-t-on ne plus le payer, il suffira de donner la volée aux captifs, et d'en faire sa déclaration au préfet.

Il n'en serait pas de même pour la taxe des chats, si l'on n'apportait quelques modifications dans sa répartition. Nous admettons pour base que chaque ménage est censé avoir un chat ; rien de mieux fondé ; mais le malheureux qui couche sur la dure, avec ses enfans, dans les mansardes d'un sixième étage, celui dont le travail journalier suffit à peine pour donner du pain à sa petite famille, doit-il être obligé de payer pour son chat ? Non, sans doute, il en sera dispensé ; et, pour partir d'un principe fixe et invariable, dans cette partie, on prendra pour règle le prix des loyers.

Jusqu'à la somme de 300 francs on ne sera pas imposable ; au-dessus de 300 francs, le chat sera taxé à 3 francs , et cette taxe s'accroîtra d'un franc par chaque 100 francs d'augmentation du prix du loyer.

Ceci sera pour les villes du premier ordre. Dans les autres villes les chats seront taxés à deux francs , lorsque le loyer s'élevera au-dessus de 200 francs , avec la même progression que je viens d'établir , entre le prix des loyers et le taux de la taxe.

Cette partie du projet est ridicule, va-t-on répéter de toutes parts, et les chats ne sont qu'un prétexte ; autant vaudrait dire , tout bonnement , on paiera un franc d'impôt pour chaque 100 fr. de loyer à partir d'une somme déterminée.

. Ce raisonnement serait une erreur , et ne conviendrait tout au plus qu'à ceux qui réellement n'auraient pas de chats dans leur domicile ; mais le nombre en est infiniment petit relativement à la masse des *Galénophiles*. Il est bien difficile d'ailleurs, pour ne pas dire impossible, que dans les meilleures choses il n'y ait pas quelques abus , surtout en fait d'impôt. Et quand il serait vrai, ce que je nie absolument, que les chats serviraient de prétexte pour l'augmentation des contributions, ce prétexte ne serait pas plus ridicule que celui des portes et fenêtres. Et, certes, ce sont des choses de première nécessité, car il est difficile de concevoir une maison sans portes ni fenêtres, encore paie-t-on pour chaque ouverture ; tandis qu'il sera loisible au contribuable d'avoir vingt chats chez lui en ne payant jamais que pour un seul

DU PRODUIT DE LA TAXE.

Me voici arrivé à l'endroit le plus essentiel de mon projet; à ses résultats, c'est-à-dire, à la preuve des sommes qu'il doit produire.

Quelques lignes d'un calcul très-simple, fondé sur des données certaines, vont faire apprécier les secours que le gouvernement doit recevoir de ce nouvel impôt.

La France compte vingt-cinq millions d'habitans. Je pose en fait que chaque ménage est composé de cinq personnes, terme moyen. Cela fait cinq millions de ménages. Je compte pour chacun un chien. Voilà cinq millions de chiens produisant, à cinq francs par tête, vingt-cinq millions : . . . . 25,000,000 fr.

Autant d'oiseaux, ce n'est pas peu dire, à cinq francs par tête 25,000,000 fr.

Les chats, au moyen de la progression établie, produiront bien aussi. . . . . 25,000,000 fr.

Total. . . . . 75,000,000 fr.

3 *

Voilà bien clairement soixante-quinze millions, qui feront grand bien à l'état, et ne coû-
teront aucun frais de perception, étant portés
aux rôles des contributions foncières et mobi-
lières, et perçus par les agens chargés du re-
couvrement de celles-ci.

Et quand le produit ne serait que de soixante
millions, de cinquante même, n'est-ce pas une
ressource précieuse offerte à l'état? Ressource
dont il peut, dont il doit user pendant les an-
nées difficiles que nous avons encore à passer,
sans craindre de faire murmurer les bons Français. Cet impôt n'attaquera ni les propriétés, ni
l'industrie; il sera volontaire, comme je l'ai déjà
prouvé, chacun ayant la faculté de renoncer à la
possession de l'objet qui en sera frappé. Mais ne
croyons pas qu'il y ait en France des citoyens
assez peu généreux pour mettre en pratique les
moyens de s'en exempter. Tous sont dévoués au
salut de la patrie, tous savent la secourir de leur
fortune et de leur personne; l'histoire de ces
derniers temps en est la noble preuve.

CONCLUSION.

J'ai démontré l'utilité, la possibilité de la taxe proposée, et qu'elle n'a rien de tyrannique; je pourrais aussi faire voir , pour m'appuyer d'exemples fameux, qu'elle a été établie chez différens peuples anciens, et qu'elle l'est encore chez quelques nations modernes. Parmi les premiers, je citerais les Égyptiens, chez qui les prêtres d'Anubis et d'Isis se faisaient donner une mesure de bled par chien ou chat, ayant autel en maison particulière. Les Romains, à partir de l'époque où les oies sauvèrent le capitole, mirent une forte taxe sur les chiens , pour les punir de n'avoir pas découvert les premiers l'escalade nocturne des Gaulois. Les Chinois sont obligés de donner tous les ans, au mandarin de la province, deux livres de nids d'hirondelles , et une tourte au safran , pour obtenir le droit d'avoir des oiseaux dans les appartemens de leurs femmes. J'indiquerais au nombre des états modernes, où cet impôt est établi, la Prusse, l'Angleterre et quelques autres pays éloignés.

Ces exemples, il est vrai, ne suffiraient pas pour déterminer le gouvernement français à employer les mêmes moyens, si la nécessité cruelle n'en faisait une loi. Malheureusement elle parle, et sa voix ne peut être méconnue ; des dettes douleureuses qu'il faut acquitter. Des dépenses inévitables auxquelles il faut suffire. Des engagemens sacrés, contractés par la patrie envers les soutiens de sa gloire et de son honneur. Tout se réunit pour engager les ministres à proposer ce nouvel impôt, à la sanction des chambres, qui, je me plais à le croire, approuveront son utilité.

9 782014 043679